ESQUISSE

DE

LA GLOIRE FRANÇAISE,

PAR

COISNON.

Honneur aux enfants de la France !

BÉRANGER.

PARIS.

VEUVE JOUBERT, LIBRAIRE,

RUE DES GRÈS, 14.

MDCCCLII

ESQUISSE

DE

LA GLOIRE FRANÇAISE.

PARIS, IMPRIMÉ PAR PLON FRÈRES,

36, RUE DE VAUGIRARD.

ESQUISSE

DE

LA GLOIRE FRANÇAISE,

PAR

COISNON.

PARIS.

VEUVE JOUBERT, LIBRAIRE,

RUE DES GRÈS, 14.

MDCCCLII

DÉDIÉ

A LA LYRE

DE

Casimir Delavigne.

ESQUISSE

DE

LA GLOIRE FRANÇAISE.

Toi qui chantas jadis la gloire et la souffrance,
Toi dont les nobles sons ont honoré la France,
Par ton illustre exemple anime mon pinceau ;
Je vais de nos grandeurs esquisser le tableau :
Lyre de Delavigne, encourage mon zèle.
Puisse à la vérité mon chant être fidèle !
Et toi, pour tout Français d'amour noble sujet,
Gloire de mon pays, souris à mon projet.

La Grèce en ses beaux jours enfanta des prodiges ;
Son front en porte encor les glorieux vestiges.
Au temple de Thésée, au sacré Parthénon,
Souvent le voyageur va déposer son nom ;
Le sculpteur, y suivant Phidias, Praxitèle,
Dans un tronc, dans un bras va scruter un modèle.
Mais Paris, dans ses murs avec raison vantés,
Ne nous offre-t-il pas d'immortelles beautés,
Ses temples, ses palais, ses glorieux portiques,
Fiers et dignes rivaux des monuments antiques ?
Du Louvre sur quel bord n'a retenti le nom ?
Là, de Soufflot l'orgueil, plane le Panthéon ;
Emblème de la gloire ou de l'indépendance,
Ici le bronze aux cieux en colonnes s'élance.
Voyez-vous cet hôtel, asile des exploits ;
Bourbon, où du tribun résonne encor la voix ;
Le temple de Plutus, et cette église antique,
Austère souvenir de la grandeur gothique ?
Et si je ne craignais d'élargir mon sujet,
Lenôtre de jardins ornerait mon trajet.

Tous les genres de gloire illustrent ma patrie :
Laplace dans les cieux guida l'astronomie ;

Sous les traits de Paré renaquit Galien ;
Hippocrate jaloux admira Dupuytren ;
Papin, de la vapeur en découvrant la source,
Activa du progrès la bienfaisante course ;
Par le gaz emporté vers la cime des cieux
Loin des murs d'Annonay, mortel audacieux,
Montgolfier s'élança de merveilles avide ;
Chappe étonna nos yeux par son courrier rapide ;
Descartes des anciens nous dévoila l'erreur ;
Pascal saisit de l'air la vague pesanteur ;
Goujon à son sommet éleva la sculpture ;
De nos sites Lorrain embellit sa peinture.

Oui, rendons à chacun le tribut qu'on lui doit ;
L'Italie en mon cœur justement le reçoit.
Mais, Raphaël, Titien, si Rome vous admire,
Au temple des Vertus l'œuvre de Gros respire ;
Le Poussin mania de glorieux pinceaux ;
De David, de Lesueur rayonnent les tableaux.

Mais au son des concerts, répandant l'ambroisie,
Quelle vierge apparaît ? L'auguste poésie.

Elle a fui de ces bords où Pindare autrefois
Chantait en vers hardis et les jeux et les rois ;
Elle a quitté la rive où le chantre d'Achille
Prodiguait l'harmonie à la Grèce docile,
Où Sophocle, Euripide ont compté leurs succès ;
Elle a posé son aile au rivage français.
L'ingénieux Marot en ressent l'influence ;
Malherbe, noble et doux, plein de beautés, s'avance ;
Il façonne nos vers, et sa lyre à la fois
Ose chanter son Dieu, les belles et les rois ;
La Fontaine en ses chants fait sourire la grâce ;
Le caustique Boileau régente le Parnasse,
Verse son fiel amer sur Cottin, sur Perrault,
Blâme les tendres sons du sensible Quinault.
Corneille au ton sublime élève Melpomène ;
Racine sans égal apparaît sur la scène ;
Voltaire fait ouïr ses immortels accents,
Et Rousseau d'Apollon sans doute apprend ses chants.
Qui n'a pas applaudi les traits du grand Molière !
Écho redit encor les chants de Deshoulière.
Charmante Éléonore, à ta vue inspiré,
Parny, comme Tibulle, en vers a soupiré.

Et l'éloquence aussi nous offre la couronne :
Mère des orateurs, dit-on, rive Bretonne,
Où sont tes Bourdaloue, où sont tes Mascaron,
Et tes pompeux Fléchier, tes sages Fénelon ?
Bossuet remplit mon cœur d'une sublime flamme ;
Il fait gémir la France à la mort de *Madame* ;
Je vois luire l'histoire en ses savantes mains,
Mon esprit aperçoit la marche des humains.
Buffon de l'univers déroule la stature ;
Quel burin incisif retrace la nature !
Quel immense regard ! Quel tableau surprenant !
Lacépède le suit, son digne complément.

Mais, Muse, ton ardeur emporte ta jeunesse ;
Lance tes derniers traits, ou crains de ta faiblesse ;
Aux Suger, aux Colbert va donner un adieu,
Au juste Lamoignon, au profond Montesquieu,
A Régnier qu'en son rang j'oubliai de décrire,
A Régnier dont la gloire est d'avoir su médire,
Au docte Tournefort, et sous d'épais lauriers
Traversons de ce pas le temple des guerriers.

Vous que le ciel dota d'un illustre partage,
Héros de mon pays, recevez mon hommage.
La France aime l'honneur, et l'on dit qu'en naissant
Elle reçut de Dieu le regard bienfaisant ;
Il lui promit les arts, les vertus et la gloire,
La baptisa surtout fille de la Victoire.

Au roi fléau de Dieu toi qui fus si fatal,
Salut ! ô Mérovée ! Et toi, fils d'Héristal,
Dont la main châtia les enfants de l'Aurore,
Viens ; du nom de sauveur l'Occident te décore !
Vierge chère aux humains, Civilisation,
Tu dois à ces héros ta sainte mission ;
De l'Arabe et des Huns en bornant la carrière,
Leur bras a préservé le Christ et la lumière.
Viens aussi, Charlemagne aux trônes éclatants ;
Et vous Roland, Bayard, épiques combattants,
Et vous qui d'Albion précipitiez la fuite,
Duguesclin, qui traînais les destins à ta suite,
Lahire, Richemont, et toi brave Dunois.
Viens, toi, jeune héroïne aux merveilleux exploits,
Notre libératrice et la gloire des femmes ;
Toi que l'Anglais abject osa livrer aux flammes ;

Toi qui marchas longtemps le long des clairs ruisseaux,
Promenant la houlette, appelant tes agneaux,
Qui plus tard sur nos champs, dans la pompe guerrière,
Sur des coursiers fougueux guidas notre bannière ;
La France chaque jour pleure sur ton bûcher,
Et, le glaive à la main, brûle de te venger.

Cependant aux combats l'Ermite vous convie,
Chrétiens, et Godefroy vous guide aux champs d'Asie.
Salut ! berceau des arts et du premier humain,
Asie, où souriaient les délices d'Éden.
Vois des Français croisés la vaillance suprême ;
Dans tes antiques champs fuit le Sarrasin blême ;
Le croissant est flétri, ses défenseurs vaincus
Rendent à notre amour le tombeau de Jésus.

Mais quels épiques sons enchantent mon oreille ?
Voltaire de Henri célèbre la merveille.
Quand la France exhalait son sang et sa fureur,
Henri vint, tout brillant de force et de douceur,
Il vint la détourner du sentier de l'abîme ;
Envoyé du Très-Haut, conquérant magnanime,

Il vint la délivrer en lui donnant des lois ;
Mais le poignard atteint le plus clément des rois.
L'habile Richelieu saisit la politique,
Il gourmande les flots de la mer frénétique,
Il enchaîne le sort, le plie à ses desseins,
Et du règne fameux prépare les destins ;
Ses travaux annonçaient des faits plus grands encore :
Tel on voit le soleil précédé de l'aurore.

Viens, siècle de Louis, viens paré de succès ;
Montre-nous l'Espagnol soumis au sang français,
Le Hollandais craintif se couvrant de son onde,
Et Louis, la terreur et l'arbitre du monde ;
Condé comme la foudre écrasant ses rivaux,
Luxembourg rapportant des moissons de drapeaux,
Chevert dans Hastembeck secondant sa patrie ;
Pour la France, d'Assas prodigue de sa vie,
Tel qu'autrefois Émile ou le fier Scévola,
Lorsqu'en se consumant il bravait Porsenna.
Turenne et Catinat, pour couronner leur âge,
Ont paru, de vertus généreux assemblage ;
Tous les deux épargnaient le sang de leurs soldats,
Tous les deux n'étaient fiers qu'au milieu des combats ;

Même de l'ennemi leur mémoire honorée
D'âge en âge croîtra du monde vénérée.
Vous, superbe Condé, Luxembourg valeureux,
Toi, Villars, dont Denain redit les coups heureux;
Toi qui de tes succès flattas longtemps Neptune,
Tourville infortuné, plus cher que la Fortune,
O Duquesne! ô Suffren! vous n'aviez pas leurs cœurs.

Mais que vois-je? A Valmy nos pères sont vainqueurs!
Un peuple tout entier s'avance à la victoire,
Et couvre un trait de sang de vingt pages de gloire.
L'univers dans la crainte admire nos exploits!....
Mais, Muse, pour ce jour suspendons notre voix;
C'est assez que ma lyre, amante des bocages,
Ait d'énergiques sons déjà rempli ces pages,
Heureux si, dans mes chants agréable au lecteur,
J'ai pu de mon pays rappeler la grandeur.

Paris. Typographie Plon frères, rue de Vaugirard, 36.